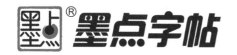

墨点字帖

U0130086

行楷

基础版
练控笔，找手感，运笔更流畅

控笔训练

荆霄鹏 书

国标书法教材《书法练习指导》（晋人版）副主编
九年义务教育《写字》教材范字书写者

天津出版传媒集团

天津杨柳青画社

目 录
CONTENTS

玫瑰控笔

蒲公英控笔

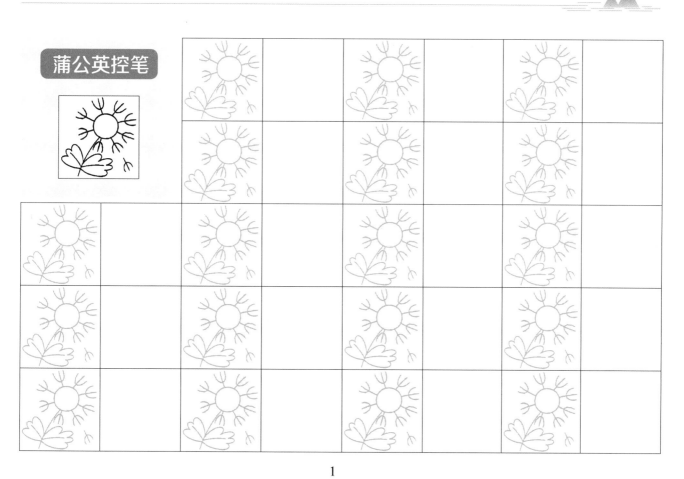

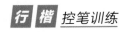

向日葵控笔

叶子控笔

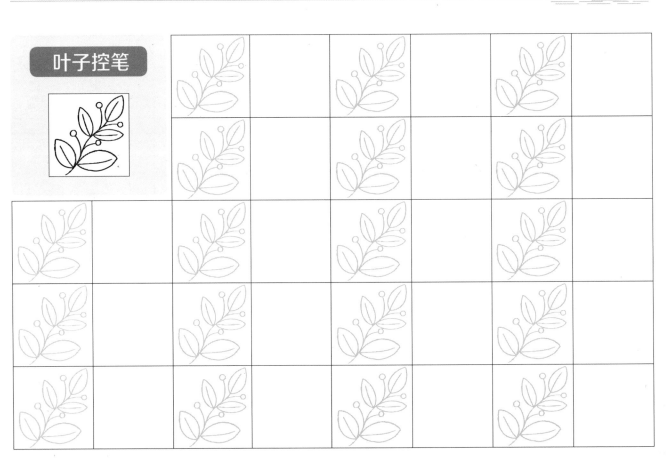

乌云控笔

蜗牛控笔

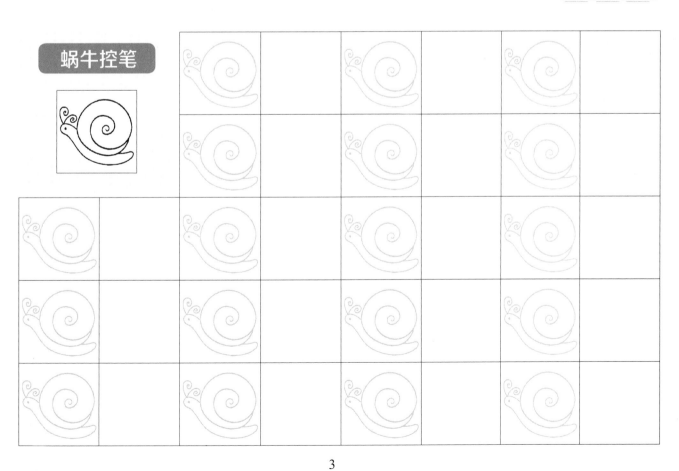

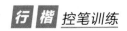

蜘蛛网控笔

雪花控笔

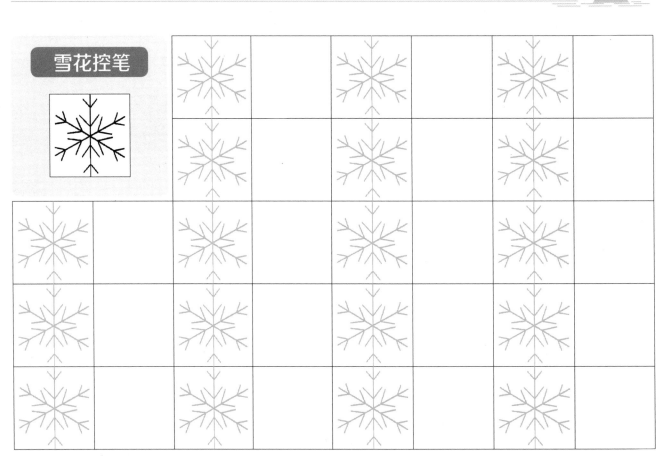

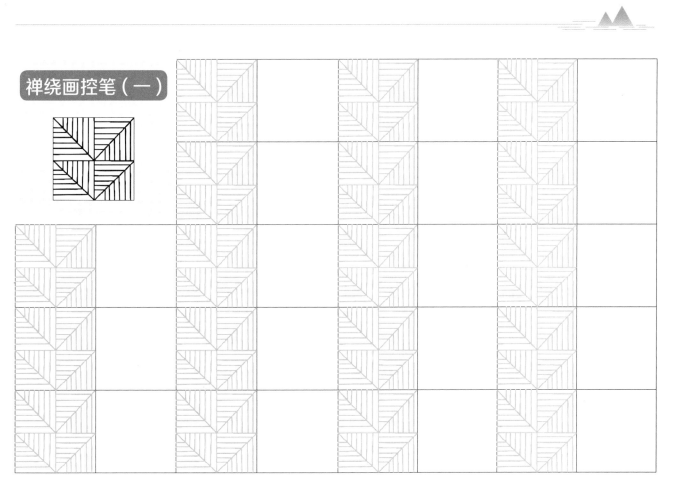

音符控笔

禅绕画控笔（一）

禅绕画控笔（二）

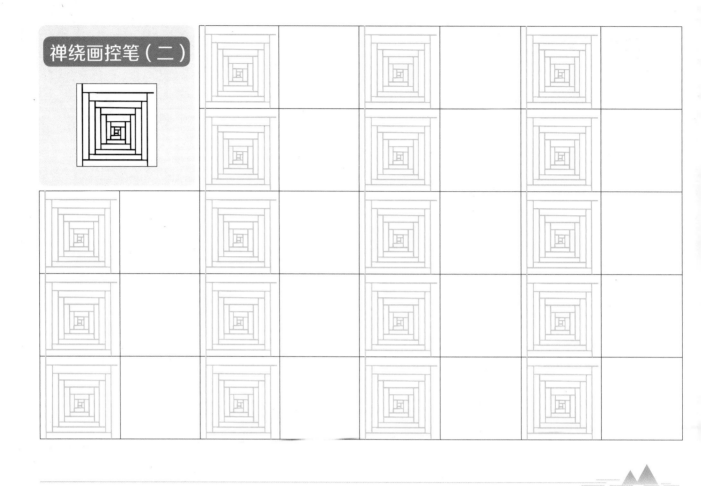

禅绕画控笔（三）

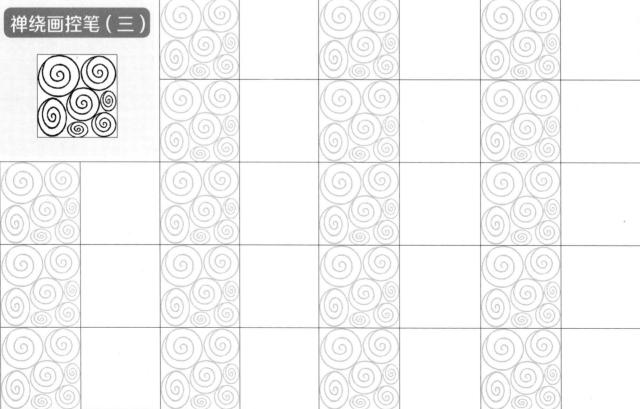

芦苇控笔

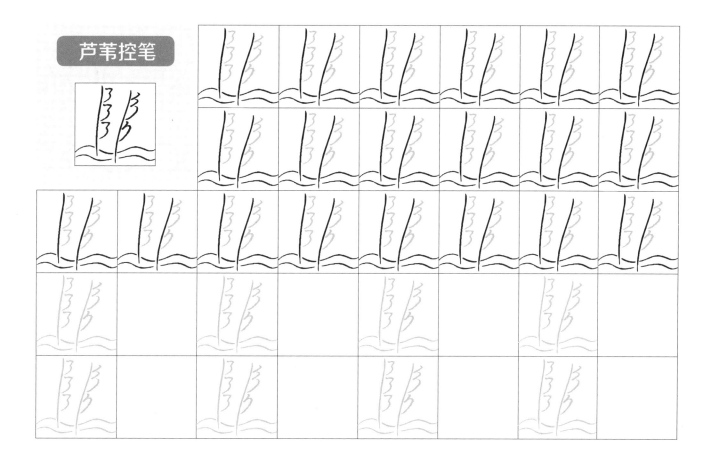

羽毛控笔

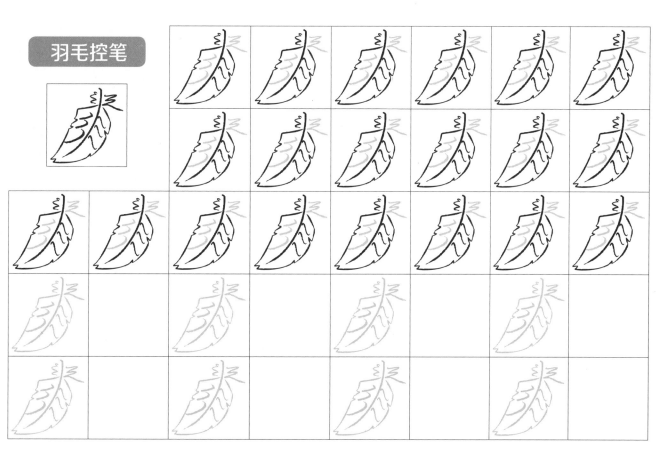

自行车控笔

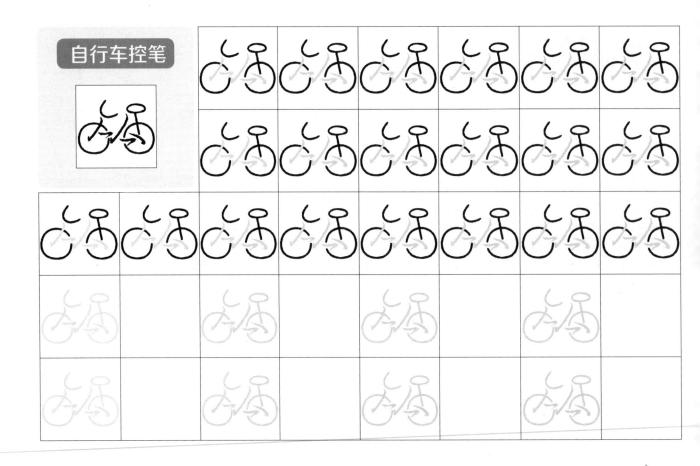

雪人控笔

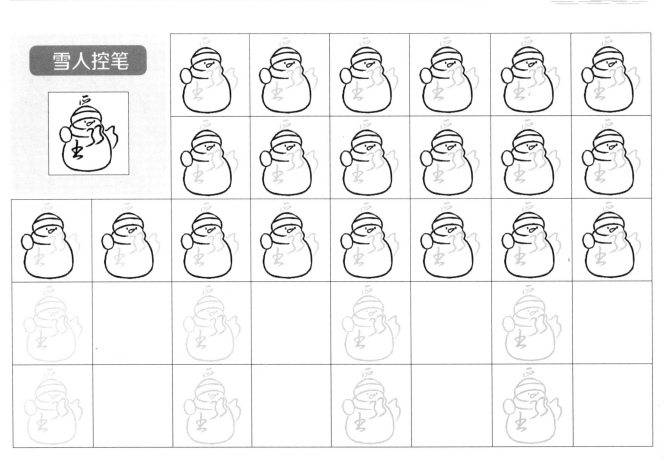

鸭子控笔

刺猬控笔

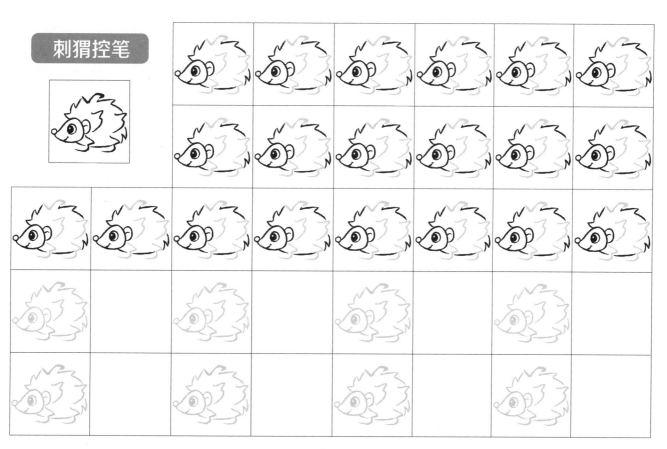

鸽子控笔

鹭鸶控笔

老鼠控笔

小鸡控笔

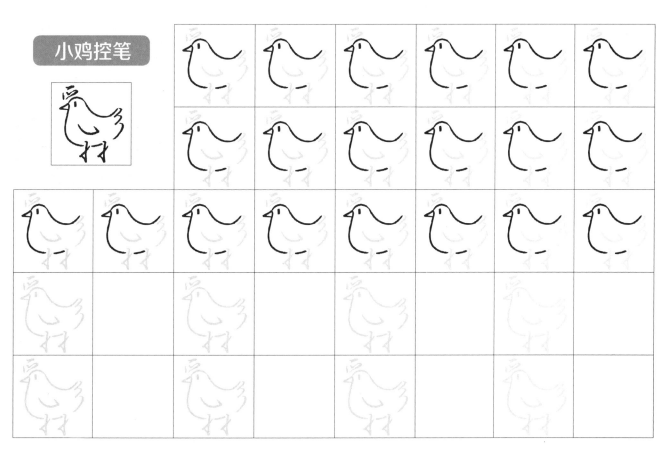

啄木鸟控笔

老虎控笔

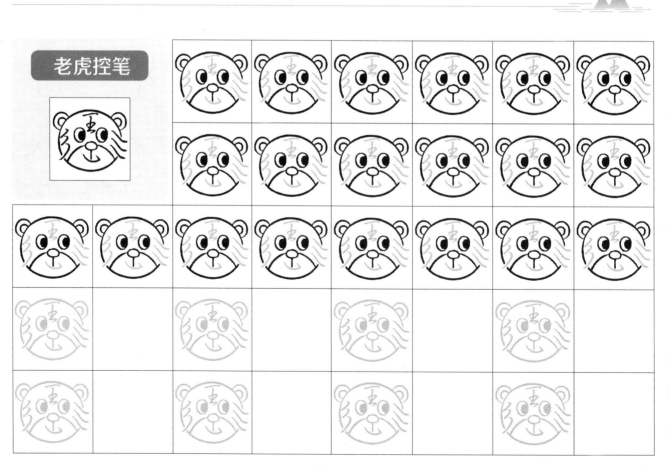

鲫鱼控笔

咖啡控笔

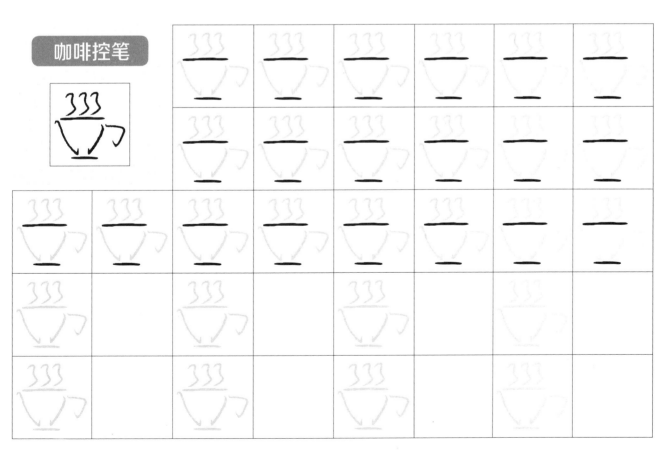

西瓜控笔

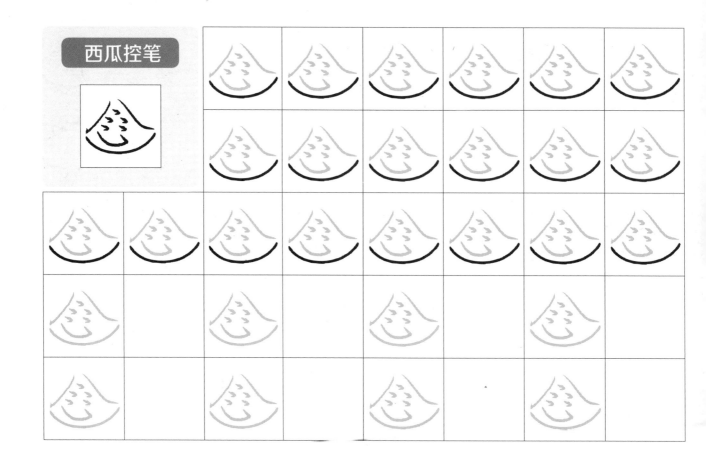

蛋糕控笔

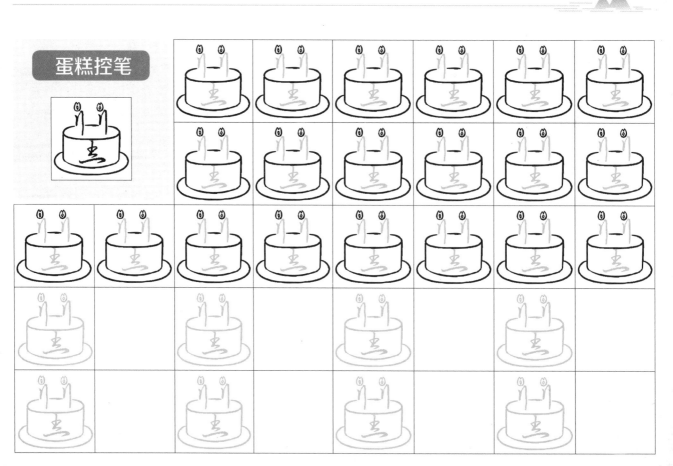

灯笼控笔（一）

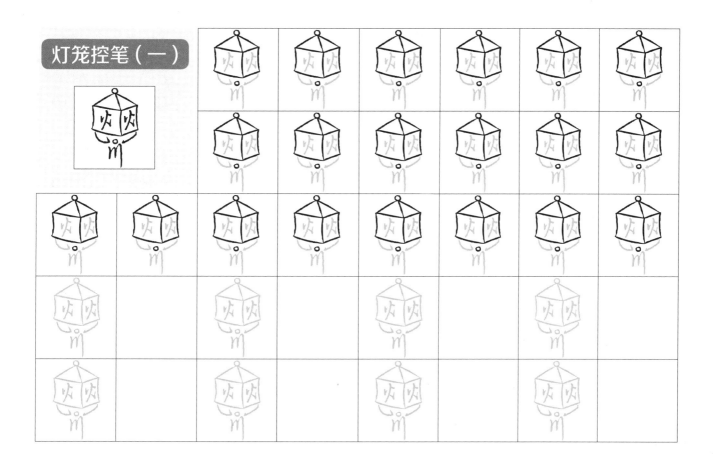

灯笼控笔（二）

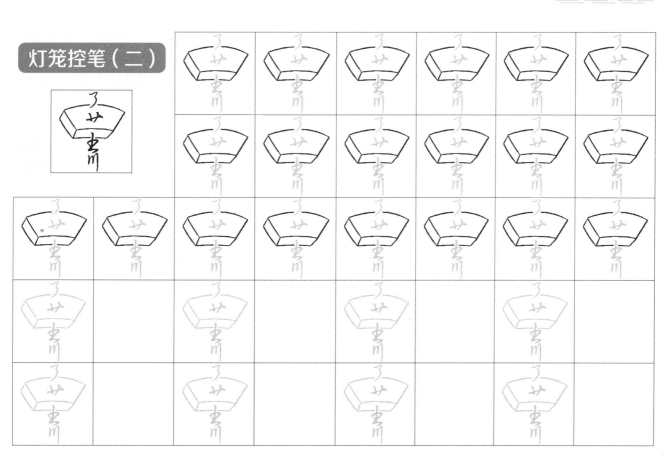

灯塔控笔

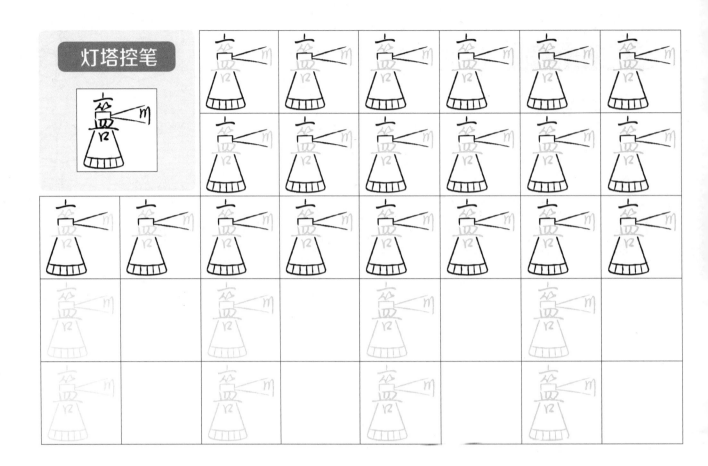

闹钟控笔

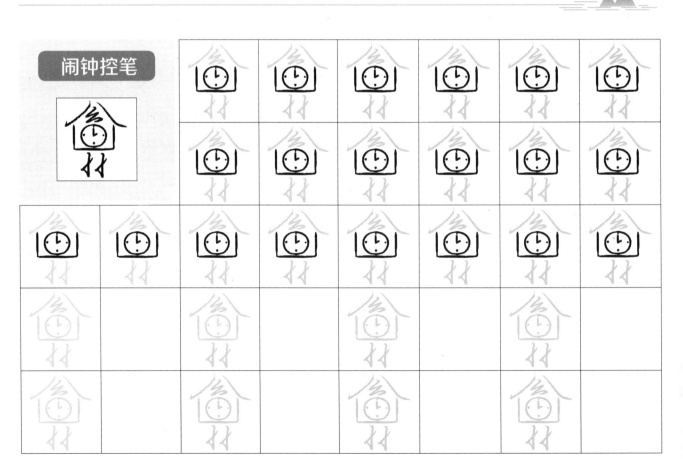

房屋控笔（一）

房屋控笔（二）

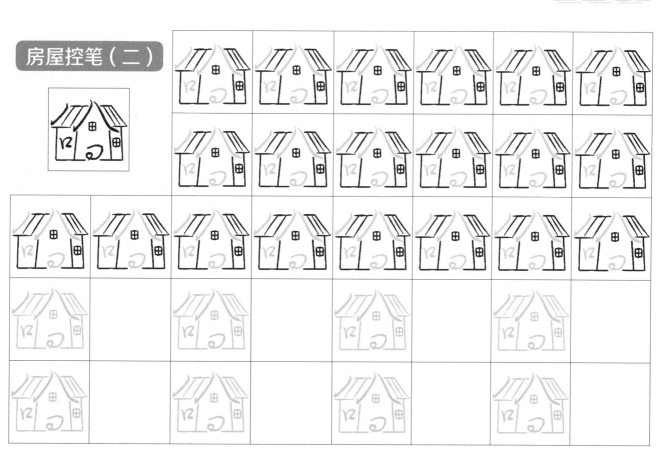

房屋控笔（三）

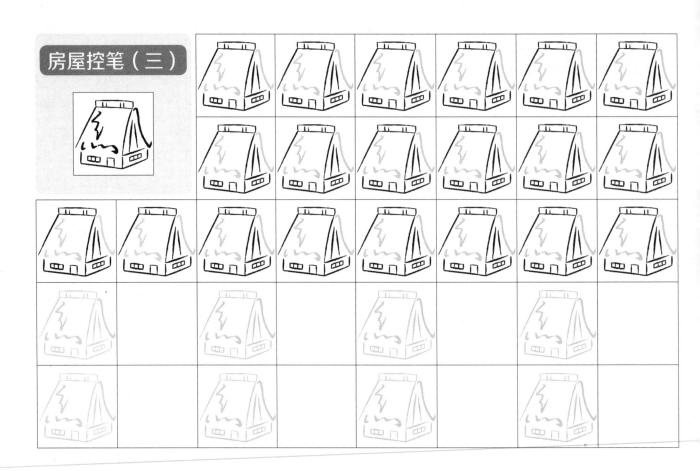

粽子控笔

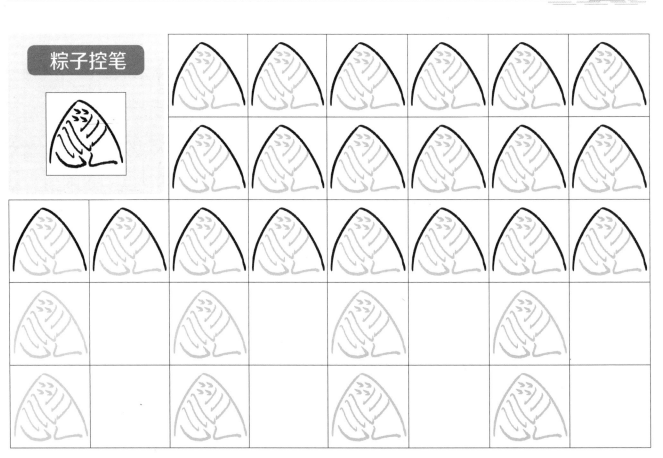

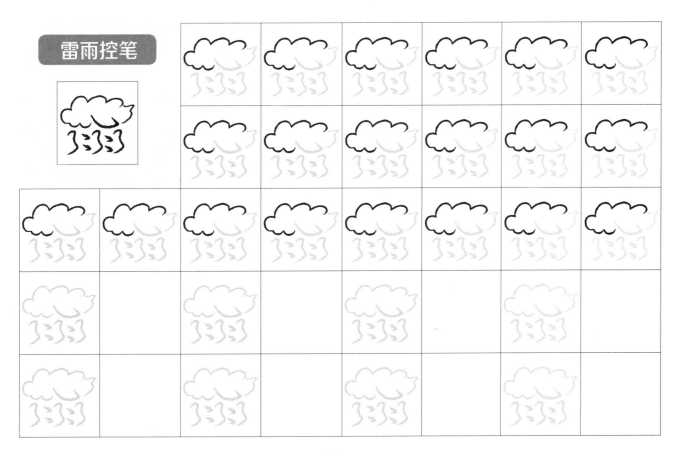

落日控笔

雷雨控笔

大桥控笔

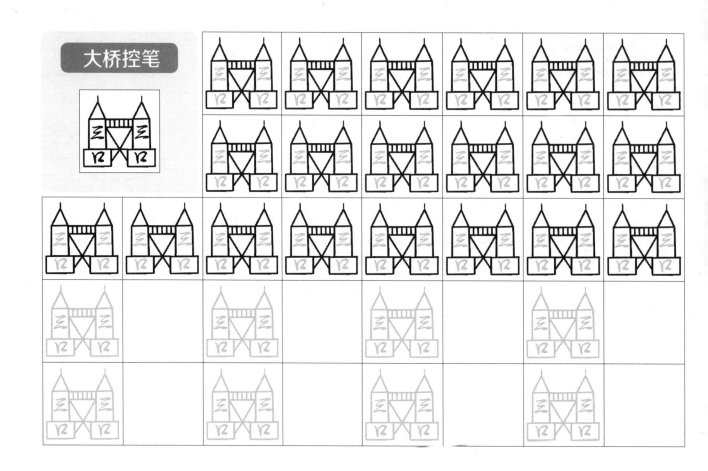

凉亭控笔

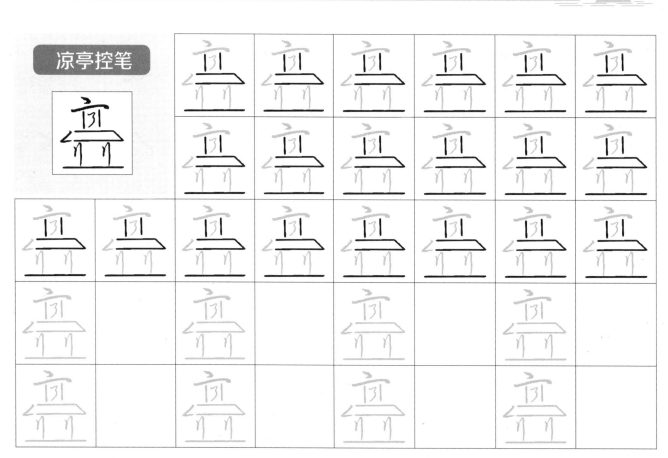

女孩控笔（一）

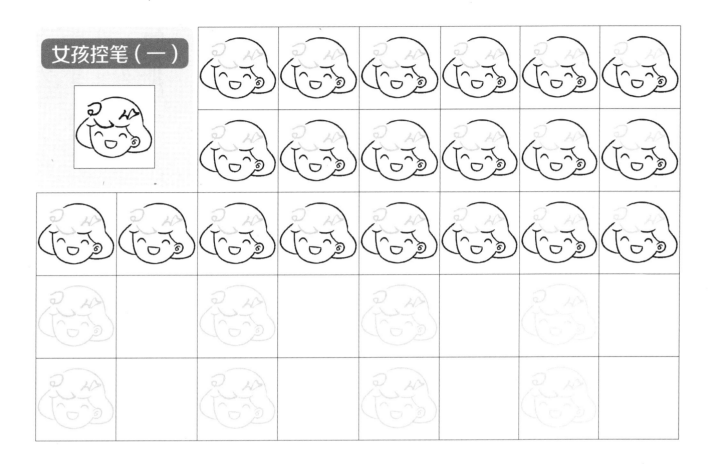

女孩控笔（二）

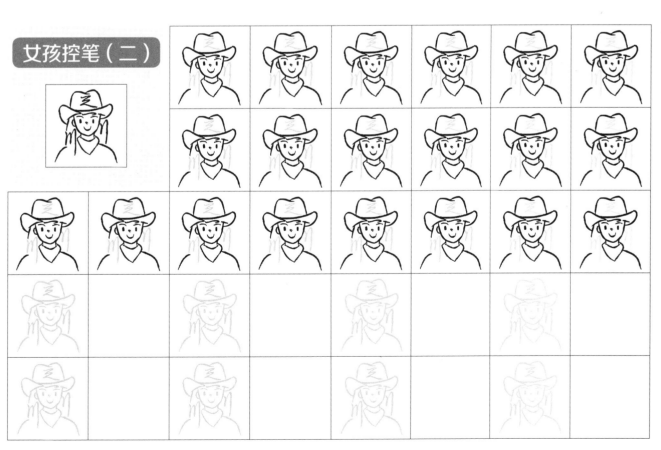

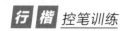

竖琴控笔

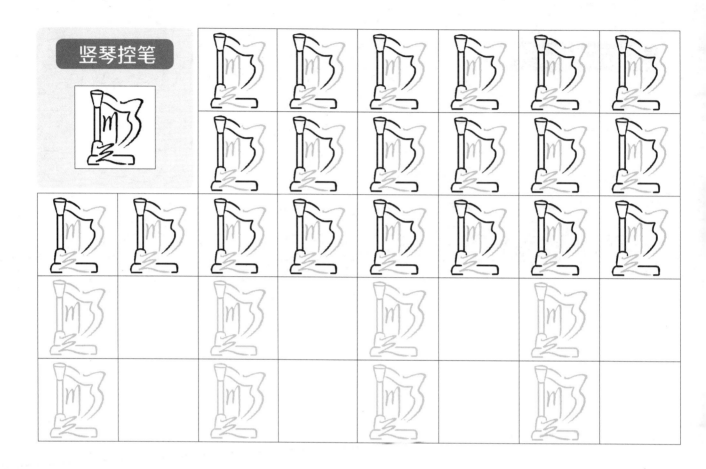

存钱罐控笔

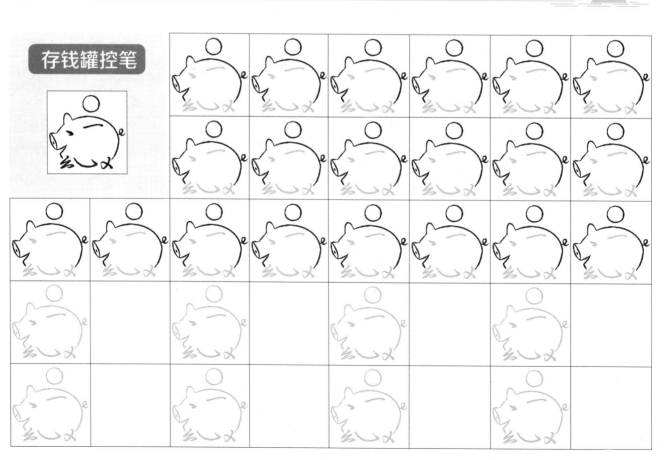

横　线

横连线

竖 线

竖线练习格

丨 丨 丨 丨 · · · · 丨

木 木 木 木 · · · · 木

竖连线

m m m m m m m m m

m m m m · · · m

训 训 训 训 · · · 训

左斜线

右斜线

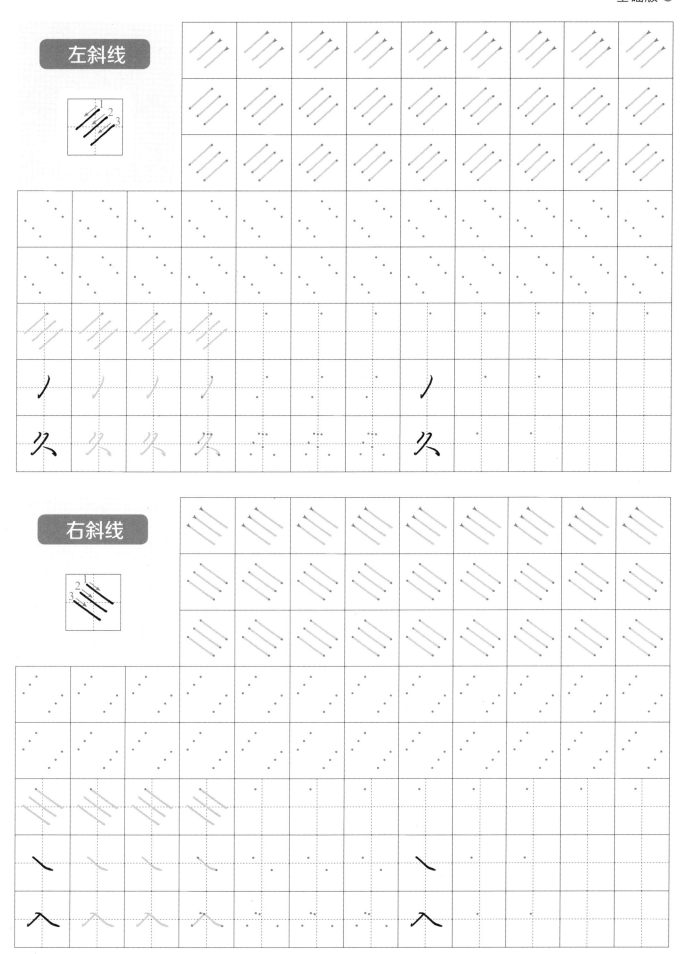

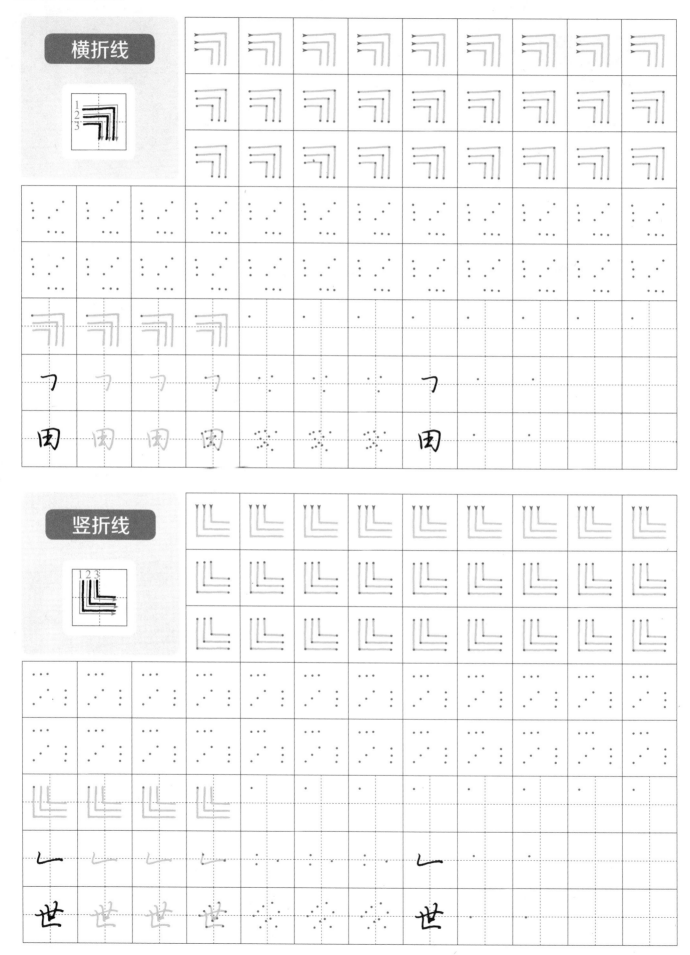

横折线

竖折线

Z 形线

W 形线

右上折线

左下折线

井连线

反线结

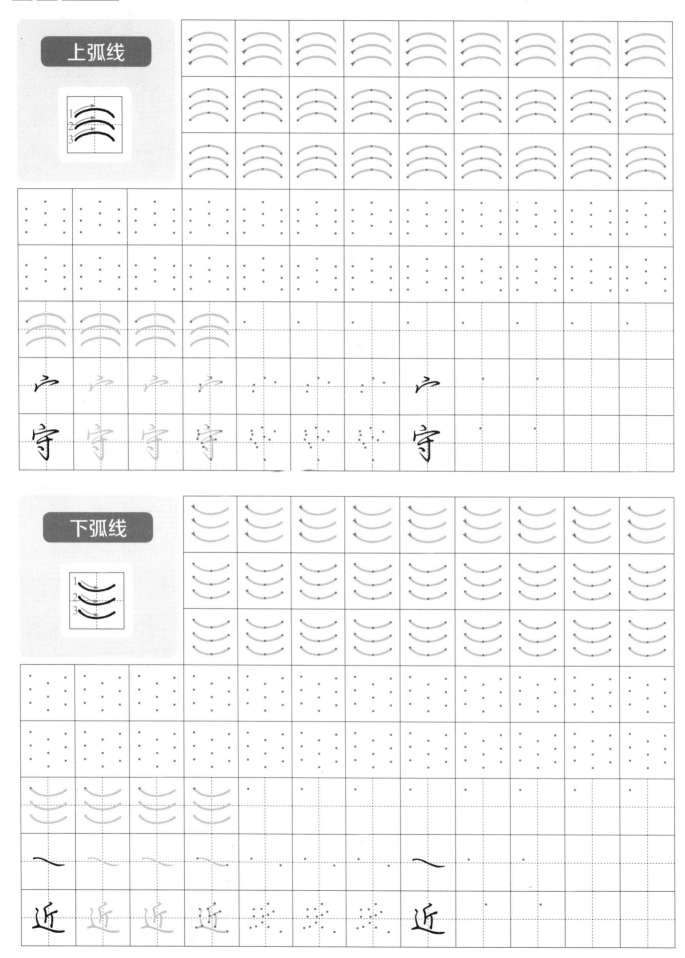

上弧线

下弧线

左弧线

右弧线

31

左下弯

右上弯

正S线

反S线

左向多角度行笔

勿
物

右向多角度行笔

辶
达

竖向波浪线

3字线

波浪线

连点线

横向弹簧线

竖向弹簧线

横向8字线

连续8字线

阶梯线

等高线

闪电折线（一）

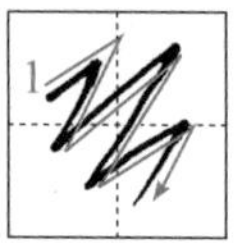

沿

闪电折线（二）

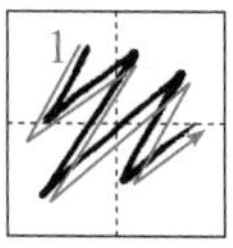

和

顺向螺旋线

逆向螺旋线

时 时 时 时 时

志 志 志 志 志

41

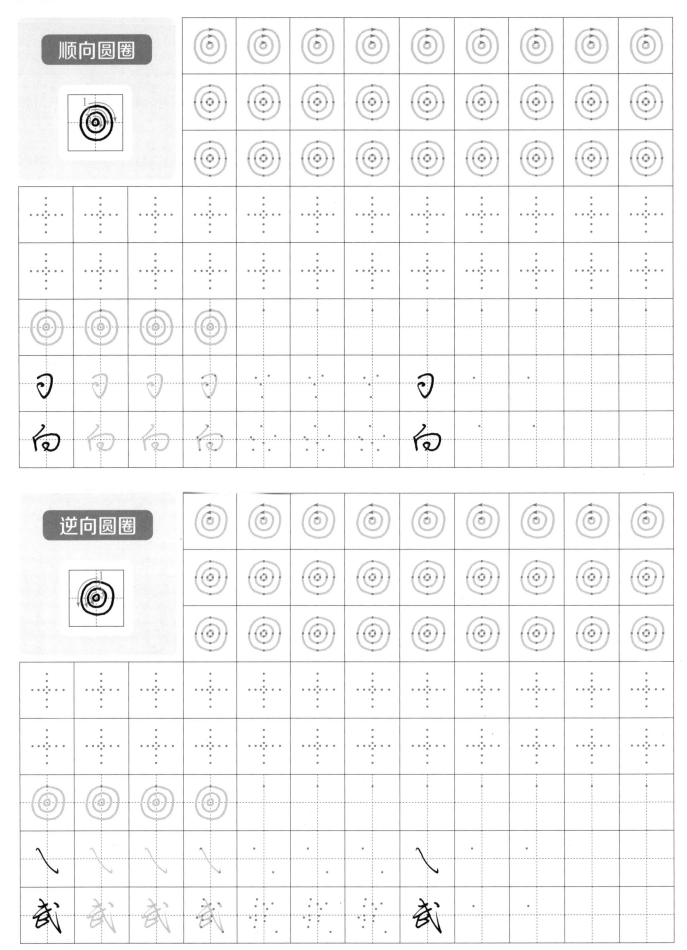

顺向圆圈

逆向圆圈

十字结（一）

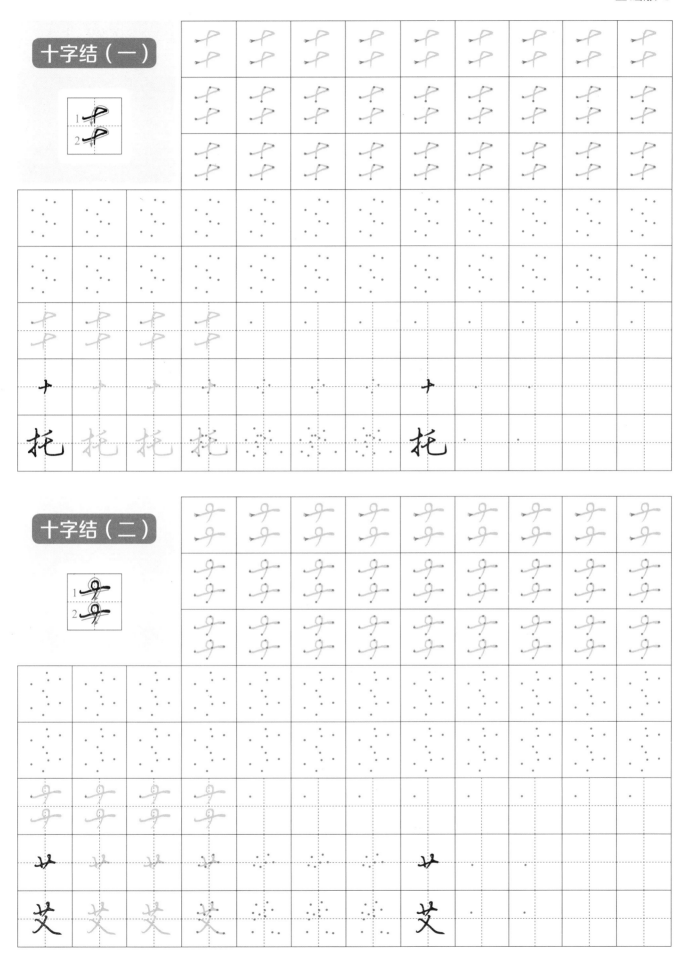

十字结（二）

口字符

闪电符

轻到重行笔（一）

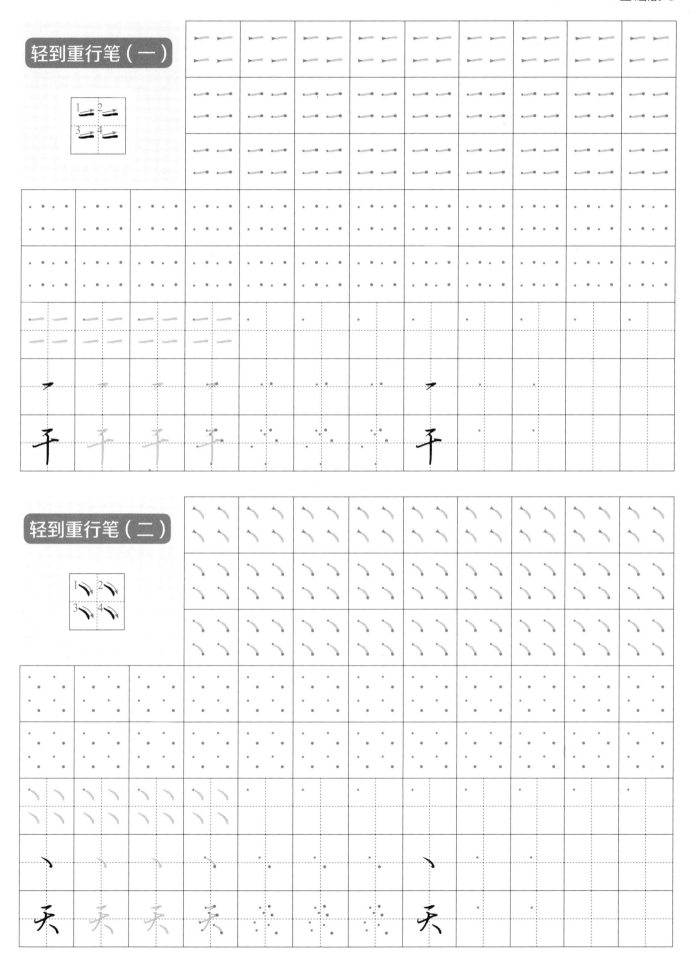

轻到重行笔（二）

重到轻行笔（一）

车

重到轻行笔（二）

冲